D1785571

Cover image designed by Freepik.com

First Printing, 2014

Printed in the United States of America

Table of Contents

Recipe	Page
	1
	2
	3
	4
	5
	6
	7
	8
	9
	10
	11
	12
	13
	14
	15
	16
	17
	18
	19
	20
	21
	22
	23
	24

	25
	26
	27
	28
	29
	30
	31
	32
	33
	34
	35
	36
	37
	38
	39
	40
	41
	42
	43
	44
	45
	46
	47
	48
	49
	50
	51
	52
	53

	54
	55
	56
	57
	58
	59
	60
	61
	62
	63
	64
	65
	66
	67
	68
	69
	70
	71
	72
	73
	74
	75
	76
	77
	78
	79
	80
	81
	82

	83
	84
	85
	86
	87
	88
	89
	90
	91
	92
	93
	94
	95
	96
	97
	98
	99
	100

Recipe

Serves	Prep Time	Cook Time

Ingredients   *Directions*

_____   _____
_____   _____
_____   _____
_____   _____
_____   _____
_____   _____
_____   _____
_____   _____
_____   _____
_____   _____
_____   _____

Notes

_____
_____
_____
_____

Recipe

Serves	Prep Time	Cook Time

Ingredients   *Directions*

_____   _____

_____   _____

_____   _____

_____   _____

_____   _____

_____   _____

_____   _____

_____   _____

_____   _____

_____   _____

_____   _____

Notes

_____

_____

_____

_____

Recipe

Serves	Prep Time	Cook Time

Ingredients   *Directions*

_____   _____

_____   _____

_____   _____

_____   _____

_____   _____

_____   _____

_____   _____

_____   _____

_____   _____

_____   _____

_____   _____

Notes

_____

_____

_____

_____

Recipe

Serves	Prep Time	Cook Time

Ingredients   *Directions*

_____   _____

_____   _____

_____   _____

_____   _____

_____   _____

_____   _____

_____   _____

_____   _____

_____   _____

_____   _____

_____   _____

Notes

_____

_____

_____

_____

Recipe

Serves	Prep Time	Cook Time

Ingredients   *Directions*

_____   _____
_____   _____
_____   _____
_____   _____
_____   _____
_____   _____
_____   _____
_____   _____
_____   _____
_____   _____
_____   _____

Notes

_____

_____

_____

_____

Recipe

Serves	Prep Time	Cook Time

Ingredients   *Directions*

_____   _____
_____   _____
_____   _____
_____   _____
_____   _____
_____   _____
_____   _____
_____   _____
_____   _____
_____   _____
_____   _____

Notes

_____
_____
_____
_____

Recipe

Serves	Prep Time	Cook Time

Ingredients   *Directions*

_____   _____
_____   _____
_____   _____
_____   _____
_____   _____
_____   _____
_____   _____
_____   _____
_____   _____
_____   _____
_____   _____

Notes

_____
_____
_____
_____

Recipe

Serves	Prep Time	Cook Time

Ingredients   *Directions*

_____   _____
_____   _____
_____   _____
_____   _____
_____   _____
_____   _____
_____   _____
_____   _____
_____   _____
_____   _____
_____   _____

Notes

_____
_____
_____
_____

Recipe

Serves	Prep Time	Cook Time

Ingredients   *Directions*

_____   _____
_____   _____
_____   _____
_____   _____
_____   _____
_____   _____
_____   _____
_____   _____
_____   _____
_____   _____
_____   _____

Notes

_____
_____
_____
_____

Recipe

Serves	Prep Time	Cook Time

Ingredients   *Directions*

_____   _____
_____   _____
_____   _____
_____   _____
_____   _____
_____   _____
_____   _____
_____   _____
_____   _____
_____   _____
_____   _____

Notes

_____
_____
_____
_____

Recipe

Serves	Prep Time	Cook Time

Ingredients   *Directions*

_____   _____

_____   _____

_____   _____

_____   _____

_____   _____

_____   _____

_____   _____

_____   _____

_____   _____

_____   _____

_____   _____

Notes

_____

_____

_____

_____

Recipe

Serves	Prep Time	Cook Time

Ingredients   *Directions*

_____   _____

_____   _____

_____   _____

_____   _____

_____   _____

_____   _____

_____   _____

_____   _____

_____   _____

_____   _____

_____   _____

Notes

_____

_____

_____

_____

Recipe

Serves	Prep Time	Cook Time

Ingredients   *Directions*

_____   _____
_____   _____
_____   _____
_____   _____
_____   _____
_____   _____
_____   _____
_____   _____
_____   _____
_____   _____
_____   _____

Notes

_____
_____
_____
_____

Recipe

Serves	Prep Time	Cook Time

Ingredients　　　　*Directions*

Ingredients	Directions
_____	_____
_____	_____
_____	_____
_____	_____
_____	_____
_____	_____
_____	_____
_____	_____
_____	_____
_____	_____
_____	_____

Notes

_____

_____

_____

_____

Recipe

Serves	Prep Time	Cook Time

Ingredients   *Directions*

_____   _____

_____   _____

_____   _____

_____   _____

_____   _____

_____   _____

_____   _____

_____   _____

_____   _____

_____   _____

_____   _____

Notes

_____

_____

_____

_____

Recipe

Serves	Prep Time	Cook Time

Ingredients   *Directions*

_____   _____

_____   _____

_____   _____

_____   _____

_____   _____

_____   _____

_____   _____

_____   _____

_____   _____

_____   _____

_____   _____

Notes

_____

_____

_____

_____

Recipe

Serves	Prep Time	Cook Time

Ingredients   *Directions*

_____   _____
_____   _____
_____   _____
_____   _____
_____   _____
_____   _____
_____   _____
_____   _____
_____   _____
_____   _____
_____   _____

Notes

_____
_____
_____
_____

Recipe

Serves	Prep Time	Cook Time

Ingredients   *Directions*

_____   _____
_____   _____
_____   _____
_____   _____
_____   _____
_____   _____
_____   _____
_____   _____
_____   _____
_____   _____

Notes

_____
_____
_____
_____

Recipe

Serves	Prep Time	Cook Time

Ingredients   *Directions*

_____   _____

_____   _____

_____   _____

_____   _____

_____   _____

_____   _____

_____   _____

_____   _____

_____   _____

_____   _____

_____   _____

_____   _____

Notes

_____

_____

_____

_____

Recipe

Serves	Prep Time	Cook Time

Ingredients   *Directions*

_____   _____
_____   _____
_____   _____
_____   _____
_____   _____
_____   _____
_____   _____
_____   _____
_____   _____
_____   _____
_____   _____

Notes

_____
_____
_____
_____

Recipe

Serves	Prep Time	Cook Time

Ingredients

_____

_____

_____

_____

_____

_____

_____

_____

_____

_____

_____

_____

Directions

_____

_____

_____

_____

_____

_____

_____

_____

_____

_____

_____

_____

Notes

_____

_____

_____

_____

Recipe

Serves	Prep Time	Cook Time

Ingredients   ## Directions

_____   _____
_____   _____
_____   _____
_____   _____
_____   _____
_____   _____
_____   _____
_____   _____
_____   _____
_____   _____
_____   _____

Notes

_____
_____
_____
_____

Recipe

Serves	Prep Time	Cook Time

Ingredients   *Directions*

_____   _____
_____   _____
_____   _____
_____   _____
_____   _____
_____   _____
_____   _____
_____   _____
_____   _____
_____   _____
_____   _____

Notes

_____
_____
_____
_____

Recipe

Serves	Prep Time	Cook Time

Ingredients   *Directions*

_____   _____
_____   _____
_____   _____
_____   _____
_____   _____
_____   _____
_____   _____
_____   _____
_____   _____
_____   _____
_____   _____

Notes

_____
_____
_____
_____

Recipe

Serves	Prep Time	Cook Time

Ingredients   *Directions*

_____   _____
_____   _____
_____   _____
_____   _____
_____   _____
_____   _____
_____   _____
_____   _____
_____   _____
_____   _____
_____   _____

Notes

_____
_____
_____
_____

Recipe

Serves	Prep Time	Cook Time

Ingredients   *Directions*

_____   _____
_____   _____
_____   _____
_____   _____
_____   _____
_____   _____
_____   _____
_____   _____
_____   _____
_____   _____
_____   _____

Notes

_____
_____
_____
_____

Recipe

Serves	Prep Time	Cook Time

Ingredients   *Directions*

_____   _____

_____   _____

_____   _____

_____   _____

_____   _____

_____   _____

_____   _____

_____   _____

_____   _____

_____   _____

_____   _____

Notes

_____

_____

_____

_____

Recipe

Serves	Prep Time	Cook Time

Ingredients   *Directions*

_____   _____

_____   _____

_____   _____

_____   _____

_____   _____

_____   _____

_____   _____

_____   _____

_____   _____

_____   _____

_____   _____

Notes

_____

_____

_____

_____

Recipe

Serves	Prep Time	Cook Time

Ingredients   *Directions*

_____   _____
_____   _____
_____   _____
_____   _____
_____   _____
_____   _____
_____   _____
_____   _____
_____   _____
_____   _____
_____   _____
_____   _____

Notes

_____
_____
_____
_____

Recipe

Serves	Prep Time	Cook Time

Ingredients   *Directions*

_____   _____
_____   _____
_____   _____
_____   _____
_____   _____
_____   _____
_____   _____
_____   _____
_____   _____
_____   _____
_____   _____

Notes

_____
_____
_____
_____

Recipe

Serves	Prep Time	Cook Time

Ingredients   *Directions*

_____   _____
_____   _____
_____   _____
_____   _____
_____   _____
_____   _____
_____   _____
_____   _____
_____   _____
_____   _____
_____   _____
_____   _____

Notes

_____
_____
_____
_____

Recipe

Serves	Prep Time	Cook Time

Ingredients   *Directions*

_____   _____
_____   _____
_____   _____
_____   _____
_____   _____
_____   _____
_____   _____
_____   _____
_____   _____
_____   _____
_____   _____

Notes

_____
_____
_____
_____

Recipe

Serves	Prep Time	Cook Time

Ingredients   *Directions*

_____   _____
_____   _____
_____   _____
_____   _____
_____   _____
_____   _____
_____   _____
_____   _____
_____   _____
_____   _____
_____   _____

Notes

_____

_____

_____

_____

Recipe

Serves	Prep Time	Cook Time

Ingredients *Directions*

_____ _____
_____ _____
_____ _____
_____ _____
_____ _____
_____ _____
_____ _____
_____ _____
_____ _____
_____ _____
_____ _____

Notes

_____
_____
_____
_____

Recipe

Serves	Prep Time	Cook Time

Ingredients   *Directions*

_____   _____
_____   _____
_____   _____
_____   _____
_____   _____
_____   _____
_____   _____
_____   _____
_____   _____
_____   _____
_____   _____

Notes

_____
_____
_____
_____

Recipe

Serves	Prep Time	Cook Time

Ingredients   *Directions*

_____   _____
_____   _____
_____   _____
_____   _____
_____   _____
_____   _____
_____   _____
_____   _____
_____   _____
_____   _____
_____   _____

Notes

_____
_____
_____
_____

Recipe

Serves	Prep Time	Cook Time

Ingredients

Directions

_____   _____

_____   _____

_____   _____

_____   _____

_____   _____

_____   _____

_____   _____

_____   _____

_____   _____

_____   _____

_____   _____

Notes

_____

_____

_____

_____

Recipe

Serves	Prep Time	Cook Time

Ingredients   *Directions*

_____   _____

_____   _____

_____   _____

_____   _____

_____   _____

_____   _____

_____   _____

_____   _____

_____   _____

_____   _____

_____   _____

Notes

_____

_____

_____

_____

Recipe

Serves	Prep Time	Cook Time

Ingredients   *Directions*

_____   _____
_____   _____
_____   _____
_____   _____
_____   _____
_____   _____
_____   _____
_____   _____
_____   _____
_____   _____
_____   _____
_____   _____

Notes

_____

_____

_____

_____

Recipe

Serves	Prep Time	Cook Time

Ingredients   *Directions*

_____   _____
_____   _____
_____   _____
_____   _____
_____   _____
_____   _____
_____   _____
_____   _____
_____   _____
_____   _____
_____   _____

Notes

_____
_____
_____
_____

Recipe

Serves	Prep Time	Cook Time

Ingredients   *Directions*

_____   _____
_____   _____
_____   _____
_____   _____
_____   _____
_____   _____
_____   _____
_____   _____
_____   _____
_____   _____
_____   _____

Notes

_____
_____
_____
_____

Recipe

Serves	Prep Time	Cook Time

Ingredients   *Directions*

_____   _____
_____   _____
_____   _____
_____   _____
_____   _____
_____   _____
_____   _____
_____   _____
_____   _____
_____   _____
_____   _____

Notes

_____
_____
_____
_____

Recipe

Serves	Prep Time	Cook Time

Ingredients   *Directions*

_____   _____
_____   _____
_____   _____
_____   _____
_____   _____
_____   _____
_____   _____
_____   _____
_____   _____
_____   _____
_____   _____

Notes

_____
_____
_____
_____

Recipe

Serves	Prep Time	Cook Time

Ingredients   *Directions*

_____   _____
_____   _____
_____   _____
_____   _____
_____   _____
_____   _____
_____   _____
_____   _____
_____   _____
_____   _____
_____   _____

Notes

_____
_____
_____
_____

Recipe

Serves	Prep Time	Cook Time

Ingredients   *Directions*

_____   _____
_____   _____
_____   _____
_____   _____
_____   _____
_____   _____
_____   _____
_____   _____
_____   _____
_____   _____
_____   _____

Notes

_____
_____
_____
_____

Recipe

Serves	Prep Time	Cook Time

Ingredients   *Directions*

_____   _____

_____   _____

_____   _____

_____   _____

_____   _____

_____   _____

_____   _____

_____   _____

_____   _____

_____   _____

_____   _____

Notes

_____

_____

_____

_____

Recipe

Serves	Prep Time	Cook Time

Ingredients   *Directions*

_____   _____
_____   _____
_____   _____
_____   _____
_____   _____
_____   _____
_____   _____
_____   _____
_____   _____
_____   _____
_____   _____
_____   _____

Notes

_____

_____

_____

_____

Recipe

Serves	Prep Time	Cook Time

Ingredients   *Directions*

_____   _____

_____   _____

_____   _____

_____   _____

_____   _____

_____   _____

_____   _____

_____   _____

_____   _____

_____   _____

_____   _____

_____   _____

Notes

_____

_____

_____

_____

Recipe

Serves	Prep Time	Cook Time

Ingredients   *Directions*

_____   _____
_____   _____
_____   _____
_____   _____
_____   _____
_____   _____
_____   _____
_____   _____
_____   _____
_____   _____
_____   _____

Notes

_____
_____
_____
_____

Recipe

Serves	Prep Time	Cook Time

Ingredients   *Directions*

_____   _____
_____   _____
_____   _____
_____   _____
_____   _____
_____   _____
_____   _____
_____   _____
_____   _____
_____   _____
_____   _____

Notes

_____
_____
_____
_____

Recipe

Serves	Prep Time	Cook Time

Ingredients   *Directions*

_____   _____
_____   _____
_____   _____
_____   _____
_____   _____
_____   _____
_____   _____
_____   _____
_____   _____
_____   _____

Notes

_____
_____
_____
_____

Recipe

Serves	Prep Time	Cook Time

Ingredients   *Directions*

_____   _____
_____   _____
_____   _____
_____   _____
_____   _____
_____   _____
_____   _____
_____   _____
_____   _____
_____   _____
_____   _____

Notes

_____
_____
_____
_____

Recipe

Serves	Prep Time	Cook Time

Ingredients   *Directions*

_____   _____
_____   _____
_____   _____
_____   _____
_____   _____
_____   _____
_____   _____
_____   _____
_____   _____
_____   _____
_____   _____

Notes

_____
_____
_____
_____

Recipe

Serves	Prep Time	Cook Time

Ingredients   *Directions*

_____   _____
_____   _____
_____   _____
_____   _____
_____   _____
_____   _____
_____   _____
_____   _____
_____   _____
_____   _____
_____   _____

Notes

_____
_____
_____
_____

Recipe

Serves	Prep Time	Cook Time

Ingredients   *Directions*

_____   _____
_____   _____
_____   _____
_____   _____
_____   _____
_____   _____
_____   _____
_____   _____
_____   _____
_____   _____
_____   _____

Notes

_____
_____
_____
_____

Recipe

Serves	Prep Time	Cook Time

Ingredients   *Directions*

_____   _____
_____   _____
_____   _____
_____   _____
_____   _____
_____   _____
_____   _____
_____   _____
_____   _____
_____   _____
_____   _____

Notes

_____
_____
_____
_____

Recipe

Serves	Prep Time	Cook Time

Ingredients   *Directions*

_____   _____
_____   _____
_____   _____
_____   _____
_____   _____
_____   _____
_____   _____
_____   _____
_____   _____
_____   _____
_____   _____

Notes

_____
_____
_____
_____

Recipe

Serves	Prep Time	Cook Time

Ingredients   *Directions*

_____   _____
_____   _____
_____   _____
_____   _____
_____   _____
_____   _____
_____   _____
_____   _____
_____   _____
_____   _____
_____   _____

Notes

_____
_____
_____
_____

Recipe

Serves	Prep Time	Cook Time

Ingredients   *Directions*

_____   _____
_____   _____
_____   _____
_____   _____
_____   _____
_____   _____
_____   _____
_____   _____
_____   _____
_____   _____
_____   _____

Notes

_____
_____
_____
_____

Recipe

Serves	Prep Time	Cook Time

Ingredients   *Directions*

_____   _____
_____   _____
_____   _____
_____   _____
_____   _____
_____   _____
_____   _____
_____   _____
_____   _____
_____   _____
_____   _____

Notes

_____
_____
_____
_____

Recipe

Serves	Prep Time	Cook Time

Ingredients   *Directions*

_____   _____
_____   _____
_____   _____
_____   _____
_____   _____
_____   _____
_____   _____
_____   _____
_____   _____
_____   _____
_____   _____

Notes

_____
_____
_____
_____

Recipe

Serves	Prep Time	Cook Time

Ingredients   *Directions*

_____   _____
_____   _____
_____   _____
_____   _____
_____   _____
_____   _____
_____   _____
_____   _____
_____   _____
_____   _____
_____   _____

Notes

_____
_____
_____
_____

Recipe

Serves	Prep Time	Cook Time

Ingredients   *Directions*

_____   _____
_____   _____
_____   _____
_____   _____
_____   _____
_____   _____
_____   _____
_____   _____
_____   _____
_____   _____
_____   _____

Notes

_____
_____
_____
_____

Recipe

Serves	Prep Time	Cook Time

Ingredients   *Directions*

_____   _____

_____   _____

_____   _____

_____   _____

_____   _____

_____   _____

_____   _____

_____   _____

_____   _____

_____   _____

_____   _____

Notes

_____

_____

_____

_____

Recipe

Serves	Prep Time	Cook Time

Ingredients   *Directions*

_____   _____
_____   _____
_____   _____
_____   _____
_____   _____
_____   _____
_____   _____
_____   _____
_____   _____
_____   _____
_____   _____

Notes

_____
_____
_____
_____

Recipe

Serves	Prep Time	Cook Time

Ingredients   *Directions*

_____   _____
_____   _____
_____   _____
_____   _____
_____   _____
_____   _____
_____   _____
_____   _____
_____   _____
_____   _____
_____   _____

Notes

_____
_____
_____
_____

Recipe

Serves	Prep Time	Cook Time

Ingredients   *Directions*

_____   _____
_____   _____
_____   _____
_____   _____
_____   _____
_____   _____
_____   _____
_____   _____
_____   _____
_____   _____
_____   _____

Notes

_____

_____

_____

Recipe

Serves	Prep Time	Cook Time

Ingredients   *Directions*

_____   _____
_____   _____
_____   _____
_____   _____
_____   _____
_____   _____
_____   _____
_____   _____
_____   _____
_____   _____
_____   _____

Notes

_____
_____
_____
_____

Recipe

Serves	Prep Time	Cook Time

Ingredients   *Directions*

_____   _____
_____   _____
_____   _____
_____   _____
_____   _____
_____   _____
_____   _____
_____   _____
_____   _____
_____   _____
_____   _____

Notes

_____
_____
_____
_____

Recipe

Serves	Prep Time	Cook Time

Ingredients   *Directions*

_____   _____
_____   _____
_____   _____
_____   _____
_____   _____
_____   _____
_____   _____
_____   _____
_____   _____
_____   _____
_____   _____
_____   _____

Notes

_____
_____
_____
_____

Recipe

Serves	Prep Time	Cook Time

Ingredients   *Directions*

_____   _____
_____   _____
_____   _____
_____   _____
_____   _____
_____   _____
_____   _____
_____   _____
_____   _____
_____   _____
_____   _____
_____   _____

Notes

_____
_____
_____
_____

Recipe

Serves	Prep Time	Cook Time

Ingredients   *Directions*

_____   _____
_____   _____
_____   _____
_____   _____
_____   _____
_____   _____
_____   _____
_____   _____
_____   _____
_____   _____
_____   _____
_____   _____

Notes

_____
_____
_____
_____

Recipe

Serves	Prep Time	Cook Time

Ingredients   *Directions*

_____   _____
_____   _____
_____   _____
_____   _____
_____   _____
_____   _____
_____   _____
_____   _____
_____   _____
_____   _____
_____   _____

Notes

_____
_____
_____
_____

73

Recipe

Serves	Prep Time	Cook Time

Ingredients   *Directions*

_____   _____

_____   _____

_____   _____

_____   _____

_____   _____

_____   _____

_____   _____

_____   _____

_____   _____

_____   _____

_____   _____

Notes

_____

_____

_____

_____

Recipe

Serves	Prep Time	Cook Time

Ingredients   *Directions*

_____   _____
_____   _____
_____   _____
_____   _____
_____   _____
_____   _____
_____   _____
_____   _____
_____   _____
_____   _____
_____   _____

Notes

_____
_____
_____
_____

Recipe

Serves	Prep Time	Cook Time

Ingredients　　　　*Directions*

_____　　_____
_____　　_____
_____　　_____
_____　　_____
_____　　_____
_____　　_____
_____　　_____
_____　　_____
_____　　_____
_____　　_____
_____　　_____

Notes

_____
_____
_____
_____

Recipe

Serves	Prep Time	Cook Time

Ingredients   *Directions*

_____   _____
_____   _____
_____   _____
_____   _____
_____   _____
_____   _____
_____   _____
_____   _____
_____   _____
_____   _____
_____   _____

Notes

_____
_____
_____
_____

Recipe

Serves	Prep Time	Cook Time

Ingredients   *Directions*

_____   _____
_____   _____
_____   _____
_____   _____
_____   _____
_____   _____
_____   _____
_____   _____
_____   _____
_____   _____
_____   _____

Notes

_____
_____
_____
_____

Recipe

Serves	Prep Time	Cook Time

Ingredients   *Directions*

_____   _____
_____   _____
_____   _____
_____   _____
_____   _____
_____   _____
_____   _____
_____   _____
_____   _____
_____   _____
_____   _____

Notes

_____
_____
_____
_____

Recipe

Serves	Prep Time	Cook Time

Ingredients   *Directions*

_____   _____
_____   _____
_____   _____
_____   _____
_____   _____
_____   _____
_____   _____
_____   _____
_____   _____
_____   _____
_____   _____

Notes

_____
_____
_____
_____

Recipe

Serves	Prep Time	Cook Time

Ingredients   *Directions*

_____   _____
_____   _____
_____   _____
_____   _____
_____   _____
_____   _____
_____   _____
_____   _____
_____   _____
_____   _____
_____   _____

Notes

_____
_____
_____
_____

Recipe

Serves	Prep Time	Cook Time

Ingredients   *Directions*

_____   _____

_____   _____

_____   _____

_____   _____

_____   _____

_____   _____

_____   _____

_____   _____

_____   _____

_____   _____

_____   _____

Notes

_____

_____

_____

_____

Recipe

Serves	Prep Time	Cook Time

Ingredients   *Directions*

_____   _____
_____   _____
_____   _____
_____   _____
_____   _____
_____   _____
_____   _____
_____   _____
_____   _____
_____   _____
_____   _____

Notes

_____
_____
_____
_____

Recipe

Serves	Prep Time	Cook Time

Ingredients   *Directions*

_____   _____
_____   _____
_____   _____
_____   _____
_____   _____
_____   _____
_____   _____
_____   _____
_____   _____
_____   _____
_____   _____

Notes

_____
_____
_____
_____

Recipe

Serves	Prep Time	Cook Time

Ingredients   *Directions*

_____   _____
_____   _____
_____   _____
_____   _____
_____   _____
_____   _____
_____   _____
_____   _____
_____   _____
_____   _____
_____   _____

Notes

_____
_____
_____
_____

Recipe

Serves	Prep Time	Cook Time

Ingredients   *Directions*

_____   _____
_____   _____
_____   _____
_____   _____
_____   _____
_____   _____
_____   _____
_____   _____
_____   _____
_____   _____
_____   _____

Notes

_____
_____
_____
_____

Recipe

Serves	Prep Time	Cook Time

Ingredients   *Directions*

_____   _____
_____   _____
_____   _____
_____   _____
_____   _____
_____   _____
_____   _____
_____   _____
_____   _____
_____   _____
_____   _____

Notes

_____
_____
_____
_____

Recipe

Serves	Prep Time	Cook Time

Ingredients   *Directions*

_____   _____
_____   _____
_____   _____
_____   _____
_____   _____
_____   _____
_____   _____
_____   _____
_____   _____
_____   _____
_____   _____

Notes

_____
_____
_____
_____

Recipe

Serves	Prep Time	Cook Time

Ingredients   *Directions*

_____   _____
_____   _____
_____   _____
_____   _____
_____   _____
_____   _____
_____   _____
_____   _____
_____   _____
_____   _____
_____   _____

Notes

_____
_____
_____
_____

Recipe

Serves	Prep Time	Cook Time

Ingredients *Directions*

_____ _____

_____ _____

_____ _____

_____ _____

_____ _____

_____ _____

_____ _____

_____ _____

_____ _____

_____ _____

_____ _____

Notes

_____

_____

_____

_____

Recipe

Serves	Prep Time	Cook Time

Ingredients　　　　*Directions*

_____　_____
_____　_____
_____　_____
_____　_____
_____　_____
_____　_____
_____　_____
_____　_____
_____　_____
_____　_____
_____　_____
_____　_____

Notes

_____
_____
_____
_____

Recipe

Serves	Prep Time	Cook Time

Ingredients   *Directions*

_____	_____
_____	_____
_____	_____
_____	_____
_____	_____
_____	_____
_____	_____
_____	_____
_____	_____
_____	_____
_____	_____

Notes

Recipe

Serves	Prep Time	Cook Time

Ingredients   *Directions*

_____   _____
_____   _____
_____   _____
_____   _____
_____   _____
_____   _____
_____   _____
_____   _____
_____   _____
_____   _____
_____   _____

Notes

_____
_____
_____
_____

Recipe

Serves	Prep Time	Cook Time

Ingredients   *Directions*

_____   _____
_____   _____
_____   _____
_____   _____
_____   _____
_____   _____
_____   _____
_____   _____
_____   _____
_____   _____
_____   _____

Notes

_____
_____
_____
_____

Recipe

Serves	Prep Time	Cook Time

Ingredients   *Directions*

_____   _____
_____   _____
_____   _____
_____   _____
_____   _____
_____   _____
_____   _____
_____   _____
_____   _____
_____   _____
_____   _____

Notes

_____
_____
_____
_____

Recipe

Serves	Prep Time	Cook Time

Ingredients   *Directions*

_____   _____
_____   _____
_____   _____
_____   _____
_____   _____
_____   _____
_____   _____
_____   _____
_____   _____
_____   _____
_____   _____

Notes

_____
_____
_____
_____

Recipe

Serves	Prep Time	Cook Time

Ingredients   *Directions*

_____   _____
_____   _____
_____   _____
_____   _____
_____   _____
_____   _____
_____   _____
_____   _____
_____   _____
_____   _____
_____   _____

Notes

_____
_____
_____
_____

Recipe

Serves	Prep Time	Cook Time

Ingredients   *Directions*

_____   _____
_____   _____
_____   _____
_____   _____
_____   _____
_____   _____
_____   _____
_____   _____
_____   _____
_____   _____

Notes

_____
_____
_____
_____

Recipe

Serves	Prep Time	Cook Time

Ingredients   *Directions*

_____   _____

_____   _____

_____   _____

_____   _____

_____   _____

_____   _____

_____   _____

_____   _____

_____   _____

_____   _____

_____   _____

Notes

_____

_____

_____

_____

Recipe

Serves	Prep Time	Cook Time

Ingredients

Directions

_____   _____
_____   _____
_____   _____
_____   _____
_____   _____
_____   _____
_____   _____
_____   _____
_____   _____
_____   _____

Notes

_____
_____
_____
_____

More From
Recordkeeper Press

Recordkeeper Press would like to thank you for purchasing this product – we hope you love it and use it for years to come!

The Recordkeeper catalog is continually expanding, and contains a wide range of useful and fun products, such as blank recipe books, password journals, and creative notebooks. To browse our other products, you can find our complete online catalog by searching for Recordkeeper Press on Amazon.com.

Thanks again for using our product, and happy record keeping!

Printed in Great Britain
by Amazon